Andreas Müller

Leegte is Vorm
Vorm is Leegte

De Hart Soetra vanuit non-duaal perspectief

Imprint

Bibliografische Information der Deutschen Nationalbibliothek: Die Deutsche Nationalbibliothek verzeichnet diese Publikation in der Deutschen Nationalbibliografie; detaillierte bibliografische Daten sind im Internet über www.dnb.de abrufbar.

Coverdesign: Vivien Thomas & Andreas Müller

Translation: Wim snijders

Verlag:
BoD · Books on Demand GmbH, In de Tarpen 42, 22848 Norderstedt
Druck:
Libri Plureos GmbH, Friedensallee 273, 22763 Hamburg

ISBN: 978-3-7693-1979-8

Inhoud

Voorwoord

Vanuit non-duaal perspectief komt de Hart Soetra overeen met een tegenstelling; als een schijnbaar vergelijk van twee lege niet-boodschappen. Wie weet hoe dit destijds werd bedoeld.

De Hart Soetra lijkt uit (ten minste) twee delen te bestaan: een deel waarin de omstandigheden van de 'Leer of instructies' beschreven worden - mensen zitten bijeen en praten met elkaar - en een deel waarin de eigenlijke 'Leer of instructie' plaatsvindt.

Vanwege deze impressie worden hier slechts delen van de Hart Soetra becommentarieerd. Ik zal mij in dit boekwerkje beperken tot de zuivere 'Leer of instructies'.

Wat hier wordt beschreven - en in het beste geval ook in de woorden van de Hart Soetra - is op verbluffende wijze eenvoudig. Het zogenaamde leven is op verbluffende wijze eenvoudig.

Dat wat schijnbaar gebeurt is het al - een blinde dans die, hoewel door niemand beleefd, echter toch alles is.

Er is niemand

Er bestaat geen 'ik'.

Er bestaat geen 'ding', geen essentie die ergens in ons lichaam zit. Noch in onze hartstreek, noch in onze hersenen, noch ergens anders in ons lichaam bevindt zich een reëel centrum. Het schijnbare 'ik' geeft zichzelf veel namen;
Ik, aanwezigheid, bewustzijn, gewaarzijn, geest, individu, ziel, zelf, zelfgewaarzijn.
Al deze woorden lijken een ervaren te beschrijven waar de meeste mensen zich op beroepen en waar hun leven zich omheen lijkt te draaien.

 'Ik heb dit en dat nodig'
'Als ik dit of dat had, zou ik gelukkig zijn'
'Als mijn partner zus of zo zou zijn'
'Als ik zus of zo zou zijn'
'Als ik verlicht zou zijn'

Dit is hoe dit schijnbare 'ik' leeft op zoek naar iets hogers, meer waarachtiger, meer vervullend.
Naar meer macht, meer geld, meer seks, meer wijsheid, meer helderheid, meer vrijheid, meer liefde (naar keuze ware liefde), ware vrijheid, ware verlichting, ware rijkdom. Alles moet waar en echt

zijn - en alles moet vooral 'voor mij' zijn. Dit betekent dat wat ik ook 'meer' wil hebben, dit ook bewust door mij ervaren moet kunnen worden.

Dit ik - het zelf dat in ons lichaam zijn werk lijkt te doen - bestaat echter helemaal niet. Deze geest, deze ziel, dit bewustzijn bestaat niet. Daar is niemand. Bevrijding is het natuurlijke einde van deze zelfervaring. Het is het versmelten van dit schijnbare bestaan met de wereld. Beide - ik en de wereld, subject en object - gaan op in het onbekende. Zij lossen zich op in het niets; in niets dat blijft en in niets dat is, waarbij niet iets nieuws tot stand komt. Het is dit ogenschijnlijke punt waar de Hart Soetra op inzet.

De Hart Soetra is geen persoonlijke boodschap, geen lering en geen aangeleerde wijsheid. Het komt, voor zover het overeenkomt met 'mijn' boodschap, voort uit het directe wegvallen van de persoonlijke energie.

Deze boodschap is geen folklore. Ze is ook geen verre wijsheid of een cryptische door wijze mensen uitgesproken nooit bereikbare waarheid.

De natuurlijke werkelijkheid is direct en ongecompliceerd, ze is noch dichtbij noch veraf; ze is precies dat wat schijnbaar gebeurt. Dat wat schijnbaar gebeurd is noch mysterieus noch wijs. En hoewel niet verborgen, kan het toch niet vanuit een afzonderlijk standpunt worden waargenomen. Het is niet verlicht noch onverlicht. Het is evenmin duidelijk noch onduidelijk. Dat wat schijnbaar gebeurt is eenvoudigweg zichzelf.

De Hart Soetra

De natuurlijke realiteit

"Vorm is leegte.
Leegte is vorm.
Vorm is niets anders dan leegte.
Leegte is niets anders dan vorm."

~

Dat je deze bladzijden leest is geen ervaring. Dat je deze bladzijden leest is een onpersoonlijke verschijning die niemand overkomt. Het lezen van deze bladzijden is compleet, volledig, en gelijktijdig leeg en betekenisloos.

Het lezen van deze bladzijden is de tijdloze en natuurlijke realiteit die eenvoudigweg zichzelf is. Het lezen van deze bladzijden leidt nergens toe omdat het alles al is. Het lezen van deze bladzijden verwijst nergens naar; het wil niets meedelen, het heeft geen betekenis en is ook niet deel van een persoonlijke weg. Er bestaat geen inzicht en ook geen voortgang. Tegelijkertijd bestaat er daarin geen rusten en geen stilte.

De ervarende is gedroomd. Er is niemand aanwezig

die gescheiden is van het lezen, van de gedachten, de gevoelens, van zijn eigen lichaam en van de omgeving. Alles is een ongescheiden verschijning voor niemand.

Dat is het, dat is alles. Dat is de natuurlijke realiteit; dat wat schijnbaar gebeurt, dat wat er zowel is als ook niet is. Het lezen van deze bladzijden is de vorm die geen inhoud heeft. Het lezen van deze bladzijden is leeg maar blijft daarbij toch het lezen van deze bladzijden.

Het schijnbare 'ik' zou vorm en leegte graag afzonderlijk willen zien, als waren zij twee aspecten van één enkele ware realiteit. Maar dat is onmogelijk, vorm en leegte zijn geen twee, zij zijn eender. Ze zijn beide volledig en toch heffen ze elkaar onderling op. Zo bezien zijn ze niet eens één - ze zijn geen.

Niets bestaat werkelijk - werkelijk helemaal niets.

Bewustzijn

"Evenzo zijn ook sensatie, waarneming, drijfveren
en bewustzijn leeg."

~

Niets is werkelijk. Het is het schijnbare 'ik-ben'
bewustzijn dat aan alles het gevoel te bestaan, het
gevoel van een 'inhoud' verleent. Vanuit het
persoonlijk beleven voelt het alsof men in een echte
'substantiële' wereld leeft. Het voelt alsof je zelf
substantieel bent en alsof dat wat je ervaart even
substantieel is als jij dat bent.

Het is dit beleven dat is gedroomd, het is dit
beleven dat niet substantieel is. Valt de illusie van
dit beleven uiteen, valt daarmee het beleven van
realiteit zelf uiteen. Alles wordt dat wat het altijd al
is geweest; tijdloos leeg.

Maar terwijl alles zich als leeg ontpopt - leeg van
realiteit, leeg van oorzaak, leeg van essentie en leeg
van bewustzijn - blijft toch alles precies dat wat het
is. Gedachten zijn gedachten, gevoelens zijn
gevoelens, bomen zijn bomen ... en zo is alles reeds
leeg. De wanhopige zoektocht van de ik-illusie om

een inhoud in de wereld te vinden, een essentie of iets als 'waar het in het leven werkelijk om draait' wordt de facto verhuld door de aanname hierover. Er wordt aangenomen dat het leven een betekenis heeft, dat men 'niet zonder reden op deze wereld is', er worden waarden en doelen bedacht, er wordt een diepere essentie vermoed of eenvoudig tot een god gebeden. Dit alles gebeurt enkel om het eigen bestaan waarde te geven. Dit alles gebeurt in de onbewuste hoop niet in een leeg en betekenisloos verschijnsel te leven.

Het maakt deel uit van de schijnbare 'ik-illusie' zichzelf als gescheiden of op zekere wijze als 'te veel' te ervaren. Terwijl het hele universum zich in blinde onwetendheid en onschuld lijkt te expanderen voelt het 'ik' zich buitengesloten. Als zou het er geen deel van uit maken en er enkel 'ook nog is'. Juist uit dit beleven ontstaat de indruk dat er (ten minste) twee zouden zijn; een wereld en ik. Omdat dit onvoldoende lijkt ontstaat onmiddellijk de hoop op een veronderstelde inhoud.

Helaas is er geen antwoord op de vraag waarom het überhaupt ontoereikend voelt, behalve dat het dat is wat er schijnbaar gebeurt. Wat schijnbaar gebeurt is dat het gevoel onvervuld te zijn deel uitmaakt van het schijnbare ik-beleven. Al voelt het vanuit persoonlijk perspectief aan alsof er een echt probleem zou bestaan, toch is dit een indruk die deel uitmaakt van dit schijnbare ik-beleven. Er bestaat in het leven geen enkel probleem. Er bestaat helemaal niemand die het leven hoeft te vervullen en gelukkig moet zien te maken. Het leven, ofwel de illusionaire ervaring van een leven, samen met de indruk van onvervuld te zijn, zal nooit kunnen overgaan in een vervulde staat.

Levend te zijn is al een verschijning zonder inhoud. Het is leeg van inhoud, was leeg van inhoud en zal altijd leeg van inhoud zijn. Deze leegte is de natuurlijke realiteit, ze is leeg van inhoud omdat het alles is. Iedere aanname van inhoud is gedroomd, ofwel ook zonder inhoud.

Een ongescheiden verschijning

"Shariputra, op deze wijze zijn
alle verschijnselen leeg:
ze zijn zonder essentie, ze zijn zonder
ontstaan en zonder vergaan. Ze zijn noch
bezoedeld noch onbezoedeld, noch afnemend noch
toenemend."

~

Dat wat schijnbaar gebeurt is een onverdeelde, schijnbare verschijning. Niets laat zich hiervan scheiden dat werkelijk gekend kan worden. De indruk in een gefragmenteerde subject-object werkelijkheid te leven, maakt deel uit van de indruk dat er een kleine splinter bestaat die 'ik' heet. Het is deze eerste splinter die de indruk wekt van fragmentatie. Zodra ik besta, zijn er plotseling ook veel andere dingen die afzonderlijk van mij bestaan. Dingen lijken gescheiden omdat je je van deze gewaar wordt; plotseling ben ik er - en is er een ervaring van mijzelf. Zuiver gewaarzijn zo te zeggen. Ofwel: zuiver 'ik ben'.
Wanneer dit gewaarzijn nu zijn voelsprieten

uitstrekt en de aandacht van zichzelf afwendt, ervaart het een wijde ruimte om zich heen. In dit moment is het schijnbare ene - het gewaarzijn dat zichzelf ervaart (hier en nu) - twee geworden. De illusie van een subject-object werkelijkheid is geboren. Waarbij opgemerkt moet worden dat de ervaring van het ene zelf al een subject-object ervaring is. Gek genoeg lijkt het zuiver gewaarzijn zowel het startpunt (subject) als ook het eindpunt (object) van zijn ervaring te zijn. Uit één ontstaat dus twee.

Uit deze 'twee' ontstaan er dan 'vele'; een wereld met een gewaarzijn in het centrum van de ervaring, waar alle andere objecten zich omheen lijken te draaien, afhankelijk van hoe ze tot het gewaarzijn zijn gekomen. Dan bestaan 'ik en mijn gedachten', 'ik en mijn gevoelens', 'ik en andere mensen', 'ik en de situatie', ik en al het andere'.

Elke mogelijke manier om jezelf en de wereld te ervaren is een variatie op deze ervaring, ongeacht of het een zuivere zelf-ervaring betreft, of dat dit het ogenschijnlijk normale leven met gedachten en gevoelens betreft.

Het maakt ook niet werkelijk verschil of er vreugde of pijn, verdriet of boosheid wordt ervaren. Vanuit het schijnbare ik-perspectief lijken dit allemaal persoonlijke ervaringen te zijn.

Dat wat schijnbaar gebeurt, gebeurt noch 'hier' noch 'nu'. Het gebeurt helemaal niet, in de zin dat het een echte gebeurtenis zou zijn. De ervaring van een echt gebeuren maakt ook hier deel uit van de illusie van het ik-beleven. Vanuit het persoonlijk perspectief lijkt het alsof er 'nu' en 'hier op deze plek' iets echts gebeurt. En net zoals het ik zichzelf als 'geboren' ervaart, ervaart het ook dingen als 'ontstaan'. Het is dit beleven dat alles de schijn van bestaan en het 'zijn in ruimte en tijd' geeft. Bij het gevoel van 'geschapen te zijn' hoort ook het gevoel van 'worden en vergaan', van 'komen en gaan'. Beide aspecten behoren tot het ik-beleven; enerzijds is er het aspect van het zijn en het statische, anderzijds is er het aspect van beweging en proces. Daarom zijn beide aspecten terug te vinden in diverse spirituele tradities.

Zo zijn er tradities die uitgaan van een eeuwige, onveranderlijke, statische waarheid - een eeuwige aanwezigheid, een onveranderlijke waarheid, God of het Absolute. Andere tradities daarentegen houden vast aan het idee van permanente verandering. Interessant genoeg bevatten beide ideeën ook het aspect van de ander. Een eeuwige aanwezigheid gebeurt ook 'in tijd' en wordt doorgaans opgevat als een continuüm, terwijl zich in een permanente verandering ook het onveranderlijke bevindt.

In de persoonlijke ervaring uit zich dit als volgt: ik, het centrum van het gewaarzijn, ben het stille centrum van het beleven, terwijl alles wat in mijn veld van gewaarzijn verschijnt, komt en gaat. Er is dus 'ik', terwijl mijn gedachten komen en gaan.

Tot het persoonlijk ervaren hoort eveneens het ervaren van goed en kwaad, van 'wat zou moeten zijn' en 'wat niet zou moeten zijn', van 'brengt mij 'vervulling', en 'ontneemt mij vervulling'. Dit gaat gepaard met de hoop dat vervulling kan toenemen of afnemen.

Ontpopt zich dit beleven als niet bestaand dan vervliegen eveneens alle aspecten van deze ervaring - inclusief het gevoel van onvervuldheid en de zoektocht naar 'meer'.

Wat blijft is het al. Wat blijft is dat wat schijnbaar gebeurt. Het is onkenbaar omdat er geen ervaring van is. Het is tijdloos, ruimteloos, ondeelbaar, zonder noodzaak en zuiver.

Niets is echt

"Shariputra, daarom is er in leegte geen
vorm, geen sensatie, geen onderscheid,
geen vormende factoren, geen bewustzijn, geen
oog, geen oor, geen neus, geen tong,
geen lichaam, geen geest, geen vorm, geen geluid,
geen geur, geen smaak, geen
tastbaar object en geen verschijnsel".

~

Er gebeurt niets werkelijk. Er is geen ervaring van de werkelijkheid, niets dat observeert, ervaart, scheidt en categoriseert. Er is geen zelf dat zich bewust is. Het zelf dat gelooft zichzelf te ervaren is een illusie. Het is zonder substantie of werkelijkheid en blijft toch wat het schijnbaar is; een schijnbare illusie.

Maar, het is niet zo dat alles wat schijnbaar gebeurt een illusie is. Het is de ervaring vanuit een afzonderlijk standpunt, die zonder substantie is.

Er is geen bewustzijn omdat er geen ervaring van is. Er is geen wereld omdat er geen ervaring van bestaat. Er bestaat niemand omdat er niemand is.

Ongegrond. Dat wat schijnbaar gebeurt is alles - ongemaakt, ongeschapen, nooit tot iets echts geworden.

Niemand weet dat, want er is niemand.

Er is niemand

"Er is geen veld van observeren, geen veld van
waarneming, en geen bewustzijnsbereik.
Er is ook geen onwetendheid noch einde
aan onwetendheid. Er is noch ouderdom en dood
noch het einde aan ouderdom en dood".

~

Iedere bewuste ervaring is gedroomd. Er is noch een echte ervaring van fysiek zien - er is geen ziener achter de ogen - noch is er een werkelijke denker van gedachten in ons. Er zit ook geen fijnstoffelijke entiteit in ons. De indruk een onvervuld zelf te zijn is gedroomd, daarom is het onmogelijk het einde van deze indruk te ervaren.

De hele energetische indruk dat er 'iets' is, is gedroomd. Er is noch een echte ervaring, noch een energieveld, noch een bewustzijn, noch een ervaring van aanwezigheid of een bestaanservaring. Deze zijn gewoonweg niet werkelijk.

Het hele verhaal van 'weten en niet - weten' maakt deel uit van deze droom. 'Er is niemand' betekent dat er geen echte ervaring is en dus ook geen weten (of niet-weten) van deze ervaring. Niets is begonnen en niets zal eindigen.

Omdat er niets is geboren, is er geen werkelijke veroudering ofwel geen ervaring van veroudering. Dat er 'iets' gebeurt, dat er zich een feitelijk gebeuren afspeelt is deel van de droom. Deze ervaring maakt deel uit van de persoonlijke aanwezigheid die zichzelf als bestaand ervaart.

Er is niemand.

Lijden is een illusie

"Evenzo is er geen lijden, geen oorsprong,
geen beëindiging, geen pad, geen oorspronkelijke
wijsheid, geen bereiken en geen niet - bereiken."

~

Hier wordt het natuurlijk spannend, want nu komen we bij de dingen die het schijnbare ik - de zoeker illusie - interesseren. Want het maakt de persoon helemaal niet uit of de wereld echt of onecht is, of er nu een komen en gaan is of niet. Waar deze naar op zoek is, is het einde van het lijden en wel voor zichzelf. Om de aanwezigheidservaring van onvolkomenheid en onvervuldheid, in te ruilen tegen een vervulde aanwezigheidservaring. Daarbij zoekt het naar: wat is lijden, waar komt het vandaan, hoe kan ik het beëindigen, wat is de waarheid?

Al deze vragen komen voort uit en hebben betrekking op de ervaring een afgescheiden zelf te zijn.

Verrassend genoeg is het de aanwezigheidservaring zelf die de illusie van lijden - het schijnbare lijden aan afscheiding - creëert. Het was niet de onbevredigende baan, het gebrek aan geld, de moeizame relatie, noch de trauma's uit de kindertijd die het verlangen naar heelheid veroorzaakte. Het is het gevoel van aanwezigheid zelf dat gepaard gaat met een min of meer subtiel lijden aan afscheiding. De hele persoonlijke zoektocht dient dus slechts dit ene doel; een antwoord te vinden op dit lijden aan afscheiding. Met het proberen aan dit lijden te ontkomen (of er een antwoord op te vinden), bevestigt het schijnbare zelf dit lijden in zijn bestaan, net zoals het zichzelf in zijn bestaan bevestigt.

Gelukkig is het ik-beleven niet echt en ook het schijnbaar diepgevoelde lijden aan afscheiding is zonder substantie. Het is een fantoompijn.

Ik noem het fantoompijn omdat de pijn weliswaar voelbaar lijkt, maar de oorzaak niet bestaat. En zo zijn de vele gedachten en gevoelens, activiteiten en niet-activiteiten, die uit het ik-beleven schijnen te komen, zonder echte oorzaak.

Want ook hier geldt; is er niemand. En zowel het lijden aan afscheiding, het verlangen dit lijden te helen en het eronder lijden dit niet te kunnen verwerkelijken, zijn niet werkelijk. Niet zoals dit binnen de schijnbare ik-illusie wordt beleefd.

Omdat dit lijden gebaseerd is op een illusie, zal er hier ook geen einde aan komen, althans niet op de manier die het schijnbare ik vermoedt. Het 'ik' vermoedt dat het einde van het lijden namelijk ligt in het vinden van een antwoord daarop.

Zo'n antwoord is er niet en zal er ook nooit komen. Men kan een illusionair lijden - het lijden aan schijnbare afscheiding - nooit werkelijk beantwoorden. Daarom is iedere 'heling' niet meer dan een kleine pleister - een goed gevoel hier, een inzicht daar en bij gelegenheid een eenheidservaring.

Er zal geen dergelijk antwoorde komen en in die zin ook geen beëindiging van het lijden binnen het ik-beleven.

Realisatie

"Daarom, Shariputra, omdat er voor de
bodhisattva's niets te bereiken is, vertrouwen ze op
en verblijven in de volmaaktheid van wijsheid,
hun geest is zonder obstakels en daarom
zonder angst."

~

Iedere voorstelling die uitgaat van een 'zo is het
echt', of gebaseerd op een groter geheel, een
allesomvattende realiteit, gaat op in het niets. Wat
overblijft is de conceptloosheid van een boom. Zijn
geest is zonder obstakels en ook zonder angst. Hij is
gewoon zichzelf - zonder ook maar de geringste
interesse in zichzelf te hebben. Hij heeft namelijk
helemaal geen zelf, net zoals wij.

De realisatie waarover hier gesproken wordt is
helemaal geen realisatie. Dat hetgeen wat
schijnbaar gebeurt reëel en niet reëel is, dat het
volkomen is, dat het 'ongemaakt' is, vrij van tijd,
ruimte, zin, betekenis en intentie, wordt door
niemand gerealiseerd. Er is niemand die zich
hiervan bewust zou kunnen of moeten zijn. Het

'totale gewaar worden van de uiteindelijke waarheid' of 'eindelijk weten wat hier werkelijk aan de hand is' waarop de ik-illusie hoopt, bestaat niet. Er is noch diegene die dat zou kunnen, noch is er een 'uiteindelijke waarheid' of 'iets dat werkelijk aan de hand is'.

Dat wat schijnbaar gebeurt, kan en hoeft niet gerealiseerd te worden. Schijnbaar leeft het leven zichzelf - zonder reden en voor niemand. Dus wat is, is het blinde leven zelf - dat schijnbaar doorgang vindt zonder dat er ooit iets gebeurt. Schijnbaar is het precies dat wat er schijnt te gebeuren; of het nu diepe slaap is, de groei van de bomen, of de verzoening na het laatste relatiegeschil. Alles is onbedoeld en onvoorwaardelijk zichzelf en niet iets; een reële en irreële verschijning zonder richting.

Slotwoord

Er bestaat geen boodschap. Er is niets te bereiken, noch is er iets te verliezen. Er is niemand 'daar'. 'Ik' is niet werkelijk - een schijnbare verschijning. Niemand 'doet' iets.

Niemand is onvervuld. Er is niemand die lijdt, niemand zal of moet persoonlijke vervulling ervaren. Niemand zal of moet deze wereld transcenderen en niemand zal zich in hoger sferen terugvinden.

Deze wereld is de hel en deze wereld is de hemel. En toch bestaat zij helemaal niet. Zij bestaat niet zo zoals zij schijnbaar wordt ervaren; een echte tastbare wereld voor 'iemand'. Bestaat er dan een andere wereld? Natuurlijk niet! Een niet ervaren wereld is de natuurlijke realiteit. Niemand woont in deze wereld en niemand is van haar gescheiden. Niemand die haar observeert, zij is dat wat schijnbaar gebeurt. Vorm is leegte en leegte is vorm.

Bron

De Heart Soetra is afkomstig van het internet:

https://www.tibethaus.com/fileadmin/user_upload
/Das_Herz_Sutra.pdf

Dankbetuigingen

Vivien Thomas

Wim Snijders

Johannes Kelbert

Tony & Claire Parsons

Over de auteur

Andreas werd in 1979 in Ludwigsburg geboren.
Na enige jaren van spiritueel zoeken ontmoette hij
in 2009 Tony Parsons.
"Eerst was ik gechoqueerd. Hoewel ik al veel wist
en had beleefd, was dit iets nieuws en onverwachts.
Plotseling hoorde ik zonder reden wat Tony zei.
Al snel was het onweerlegbaar: er is niemand."

Sinds 2011 geeft Andreas lezingen en
retraites over de hele wereld.

www.thetimelesswonder.com